생각의 풍경

신경섭

문학
공간

문학공간 시인선 2

생각의 풍경

신경섭

문학
공간

시인의 말

마음 깊이 흐르는 강.
풀어놓으면 어디로 갈까?
한 때 슬픔이 파고든 곳.
멈춤이 곧 기쁨이었던 곳.
세월의 숲에서 무수히 뿌려진 마음 파편들.
불멸의 강가에 서서
꽃잎 하나 시에 실어 흘려보낸다.
그곳에 도달할 수 있다면,
역류의 물줄기 일어 다시 마주칠 수 있다면.

-신경섭

차례

1. 풍경의 창

가슴에 주소 둔 사람	12
꽃반지	13
아직 아니다	14
블루밍	15
군위 대율마을	16
길상사	17
모순이지요	18
밤사랑	19
망각	20
첫사랑	21
멜라렌호	22
숨바꼭질	24
코스모스	25
가을을 수놓는 사람	26
10월의 마지막 날에	27
춘설	28
바느질	29
곁에	30
거울	31
까만 하늘	32
그곳은	34
여백 향	35
사랑하는 이	36
목련	37

사람아	38
불멸	39
만추	40

2. 시간 여행

쉽게 피는 꽃은 없다	42
삶	43
등대	44
연정	45
언어	46
시	48
노란 초	49
네가 좋다	50
모범생	51
그림자	52
영면	54
우엉차	55
양복 한 벌	56
북극성	58
득도	59
승자	60
민들레	61
억새	62
성냥	63
금을 넘어선 자	64

홀씨 한 줌	65
시간여행	66
담쟁이	67
신천 음식물 처리기계 앞에서	68
조성진	70
멈추고 싶거든	72
애수	73
길가에 서서	74
어금니	76
발자국	77
혜성	78
나와 너	79
계영배	80
미로	81
산 사나이	82
너는 아니	84
창	86
침묵	87
시 2	88
시간의 향기	89
네가 있어	90

3. 존재의 거미줄

끊어진 1번 줄	92
반전	94

신기루	95
2월의 편지	96
묵비권	97
달빛의 실수	98
갈대	100
운무	102
내 안의 나	104
존재의 거미줄	106
흔적	107
설화	108
강가의 연서	109
반짇고리	110
줄다리기	112
운석	113
모서리에 서서	114
너는 몰라	115
거꾸로 선 세목(世木)	116
죽(竹)	117
모서리	118
여희광	120

해설 122

1. 풍경의 창

가슴에 주소 둔 사람

언 바람에 실려 와
하루를 일 년으로 피는 꽃
그 뿌리, 심장에 두어
죽어야 사라지는 향기

꽃반지

봄의 한가운데서
봄을 헤집는
향긋한 꽃이 있습니다.

그 꽃 한가운데를
비집고
맑은 마음으로
피는 사람이 있습니다.

땅속에서
갓 세상을 배운
앳된 눈매에 시선을 빼앗기고

하늘에 손 내밀어
꽃 한 송이
손가락 사이 피우는 사람이 있습니다.

가장 낮게
가장 작게 속삭이어
가장 큰 울림을 주는
사람 꽃이 있습니다.

아직 아니다

꽃 한 송이
나무 한 그루
네게 내어주기까진
아직 핀 것이 아니다.

나의 소리
너의 눈매
무언의 오솔길 만들 때까진
아직 안 것이 아니다.

찬 이슬, 비바람
가슴에 뿌리내릴 때까진
아직 사랑한 것이 아니다.

너의 땅에서
나의 길에서
꽃 지고 잎 떨구어
슬픔으로 긴 그림자 길을 떠나도

아무도 찾지 않아
길이 스스로를 지울 때까진
아직 헤어진 것이 아니다.

블루밍

늦가을의
한적한 성스러움
그 가운데 자리 잡은
예쁜 터

그 터의 아름다움에
눈부심을 더해준
이 세상 하나뿐인
도심의 수채화

군위 대율마을

돌로 쌓아 올린 예쁜 담
그 사이 파릇파릇 낀 이끼들
비에 촉촉이 젖은 흙길
마당 가운데
운치 있는 정자, 낡은 탈곡기

다시는 오지 않을 길
가슴에
아름다움 보태어
돌담과 자연과 꽃과 하나가 된다.

길상사

한적한 오솔길
알지 못할 신비

나무 한 조각
꽃 한 송이에도
의미가 걸렸는데

남은 건 슬픔뿐

애초에 길상사는 알고 있었을까
그 큰 상실을.

모순이지요

떨구고
떠나보내도
마지막에 남는 건

비우고
다시 비워도
그래도 남는 건

빈 나무에
걸터앉은
그곳은.

밤사랑

어김없이 밤이 옴은
얼마나 다행인가?

체면에 억눌렸던
관능과 본능

밤의 어둠 틈타 풀어놓고
끝없는 상상과 도피를 허락하는 밤

너는 얼마나 큰 위로인가?

망각

귓가 봄 소리
어깨를 흔들고
햇살 내달려와
눈감은 꽃순 깨우네

거부할 수 없는
생명의 불씨여
시간의 힘이여

넌 늘 그대로인데
넌 늘 다시 얼굴 내미는데

미소 한가득 놓고
세월 속에 숨어버린
너를 부를
이름이 없구나

첫사랑

시간을 넘기며
종이 사이 꽂아둔 숨결
구겨지지 않은 눈길
바스락거리는 기억 조각들

하나둘 흰 머리카락
세월에 갈대숲 무성한데
한곳에 자리 잡은 책갈피
다음 장을 모른 채

시간은 말한다
책장은 넘기는 거라고
다 넘기며 희미해져
나중 다시 첫 표지만 남는 거라고.

멜라렌호

나 그대를 생각함은
실개천에 발 담그는 거라오
졸졸거리는 소리가 달콤하기 그지없어
물빛에 비친 싱그러움에 멱 감는 거라오

나 그대를 생각함은
강줄기에 올라타는 거라오
누가 나를 가두어도
누가 나를 갈라놓아도
결국은 내 마음 그대에게 가버리는 거라오

나 그대를 생각함은
깊은 호수에 빠지는 거라오
아무리 나를 밀어내도
그 그리움을 부수어도
결국은 내 마음 그대에게 머무는 거라오

나 그대를 생각함은
한줄기 눈물이 되는 거라오
내 눈에 들어온 그대가 각막에 새겨져
눈 뜨면 어른거리고
눈 감으면 몸속으로 흘러
차곡차곡 쌓이는 거라오.

숨바꼭질

피었다 지는 것이
꽃이라지만
눈길 주었다 거두는 것이
사랑이라지만

네가 긴 그림자 드리울수록
난,
그 그림자를 밟고서 놓아주지 않으련다.

네가 그 그림자마저 거두면
난,
영원히 너의 마음속에 숨어
나를 찾지 않으련다.

코스모스

미소 하나로
하늘이 가벼운 자여

삶의 무게 뿌리쳐
허리 가녀린 자여

바람도 꺾지 못하는구나

자유의 깃발
감당 못할 그리움

가을을 수놓는 사람

고운 시선 머문 자리
향기 피어나
수놓은 꽃길에선
설렘이 내달린다

고운 손길 머문 자리
생명 샘솟아
채색된 붓끝에선
따스함이 묻어난다

가을은
그리움이 배인 편지지
사람 향기 그리는 연필

가끔은 깊은 시선으로
가끔은 고운 마음으로
떠나가는 시간을
수놓는 사람이 있다

10월의 마지막 날에

단풍이 너무 고와
지붕 아래
하늘이 부서지던 날

눈부신 시간을
더디게 섬세히 찍어
순간이 영원으로 옮겨가던 날

세월에 끌려
망각의 늪으로 사멸하는데

멈추어
가녀린 허리로 선 너

영원히 마르지 않는
기억의 우물에서
10월을 꼭 껴안은
나를,
너를,
건져낼 수 없다

춘설

봄의 문턱
서성대던 백설이
눈꽃으로 안겨 와

잠시
넋을 놓고
세월을 잊었더니

순백은 벌써
햇살 속에 숨고
아쉬움만 걸렸구나

바느질

그대
시간을 바늘로 꿰매어 본 적이 있는가

가시 하나 없으면서
나를 얽어매고

낌새 하나 없으면서
전율을 일게 하는
시간

그대
사람을 시간 속에 가두어 본 적이 있는가

수갑 하나 없으면서
내 마음을 꽁꽁 묶고

눈빛 하나로도
온몸에 생명을 선사하는
사람

그대
사람을 바늘로
시간 속에 꿰매려 한 적이 있는가

곁에

바람은 귓가 스쳐 호수에 부서지고
풀들은 손 흔들어 오늘을 알리나니
순간이 순간에 그치지 않고
어제가 오늘에 이어짐은 얼마나 감사한가
붓 하나 들어 오늘을 펼치고
의미 있는 방점 하나 찍을 수 있다면,
고개 들어 하늘을 바라보고
정다운 얼굴 하나 그려볼 수 있다면,
머문다는 것
곁에 머문다는 것
곁에 하나의 의미로 머문다는 것.

거울

너무 붉어
온 산 불태우면서도
또 태울 것이 남았다면
그걸 사랑이라 부르기로 하자

너무 미워
온 저주 퍼붓고도
온 하늘 그 사람으로 채운다면
그걸 그리움이라 부르기로 하자

너무 아파
온 가슴 쥐어짜면서도
그 고통 견디고 싶거든
그걸 진심이라 부르기로 하자

이 밤
한 치 앞도 안 보이면서도
마음의 사슬 끊을 수 없거든
그걸 인연이라 부르기로 하자

까만 하늘

어린 시절
건초 위에 누워
까맣게 타들어 가는
눈부신 하늘을 쳐다본 적이 있나요?

하늘 한 구석
가을바람에 기댄
구름에
마음 한 조각 태워 본 적이 있나요?

구름 타고 가다
부끄러워
차마 넘보지 못했던
소녀 집 담벼락을 훔쳐본 적이 있나요?

그 집 마당에
까맣게 보이는 얼굴을
몰래 가슴에
품어 본 적이 있나요?

지나가던 동네 어른에게
행여나 그 마음 들킬세라
줄행랑을 친 적이 있나요?

한적한 호숫가
가쁜 숨을 달래며
품어 온 얼굴 가만히 펼쳐두고
행복해하던 얼굴을 본 적이 있나요?

그곳은

마음 깊이 흐르는 강.
풀어놓으면 어디로 갈까?
한때 슬픔이 파고든 곳.
멈춤이 곧 기쁨이었던 곳.
세월의 숲에서 무수히 뿌려진 마음 파편들.
불멸의 강가에 서서
꽃잎 하나 시에 실어 흘려보낸다.
그곳에 도달할 수 있다면,
역류의 물줄기 일어 다시 마주칠 수 있다면.

여백 향

화선지 펼치고 먹물 찍었더니
숨어있던 매화 화폭에 뛰어드네
아직은 찬바람, 흰 눈발만 날리고
애끓는 나그네 정은 그 끝을 몰라라.

매서운 바람에도 새 봄은 왔건만
한번 간 매화는 기약이 없네
깊은 땅 뿌리 내려 다들 재회하는데
춘풍에 긴 이별은 어인 운명이런가.

사랑하는 이

꽃을 사랑하는 이
물오른 꽃봉의 인고를 알기에
만개의 눈부심에 눈멀지언정
꺾지 않는다

나무를 사랑하는 이
낙엽 흩날림에
우수를 느낄지언정
만추를 미워하지 않는다

양초를 사랑하는 이
하롱하롱 흔들리는 불꽃
함께 눈길 흔들릴지언정
자신을 태우는 마음 잊지 않는다

사람을 사랑하는 이
삶의 질곡에서
아픔을 밟고 절뚝거릴지언정
그를 향한 걸음 멈추지 않는다

목련

오랜 침묵 가르고
순백으로
세상을 열었구나

시안의 꽃과 풀은
너의 눈부신 눈빛,
점점 다가오는 너의 심장소리

다시 찾아온 너를
두근거려 맞이하기엔

햇살과 바람만 남겨두고
다시 이별을 이야기할,
찰나의 너를 두고
난 말을 잊었구나.

사람아

쉬지 않고 쓰고
지우고 다시 쓰는,
밀려오고
다시 도망가
부서지는 흔적이여
그 속에
떠올리고 잊고
불러보고 또 놓아버린 얼굴이여

불멸

책장을 펼치다
이는 바람에 실려 온 이여

햇살에 부서지는 미소여
블랙홀 눈빛이여

멈춘 그곳에
영원히 숨은 얼굴이여.

만추

시월의 끝자락

영원을
촘촘히 수놓은 자여

그곳에

미련의 옷고름
풀어
헤집을 수 있다면

2. 시간여행

쉽게 피는 꽃은 없다

하루
강렬한 햇살에
단번에 피는 꽃은 없다

꽃은
한 시절 얼굴 내밀기 위해
일 년을 인내하고
뿌리는
굳은 흙 파고드는 몸부림을 포기할 줄 모른다

꽃봉은
다른 꽃 개화를 시샘해
성급한 만개를 꿈꾸지 않고
사랑은
한 번의 고백을 위해
백번의 망설임을 한다

인내는
꿈을 먹고 자라고
겸손은
인내 위에 꽃핀다.

삶

빛과 어둠
중심과 가장자리
그 어디쯤서
스스로 여물어
단단함을 얻는 것.

등대

삶은
마음의 등불 하나
켜고 사는 것

늘 가슴 곁에 두어
품고 사는 희망의 불씨

가끔은 바람에 비틀거리고
가끔은 웅크리며 사는 번뇌의 혼

태양이 얼굴 내밀면
쥐 죽은 듯 희미하게 숨지만
결국은 살아나는 질긴 숨결

삶이 우리를 흔들지라도
슬퍼 말지라
흔들림 그치고 웅크림 그치면
삶도 죽고 나도 죽은 것이니

연정

밤하늘 무수한 별들이 빛나는 까닭은 낮에 빛을 감당 못해 까맣게 타들어 간 눈빛이 뒤늦게 그리움을 토해내기 때문이다. 어두움 속에 자신을 숨기고 오로지 애타는 깜박거림만이 온 은하계를 흔든다. 그 속에 미처 추스르지 못한 아픔들이 조각조각 부서지며 다시 빛이 된다.

언어

언어는 생각의 옷

말이 곧 생각이지만
말에 진중함이 없으면
신뢰를 상실한다

언어는 있되
허언이 되는 것

무거운 말을 너무 가벼이 하면
깊이가 없게 되고
가벼운 말을 너무 무겁게 하면
피로를 느낀다

침묵은 금
언어가 마음 없이 함부로 남발됨을 경계하는 것
부드러운 혀라 하여
말도 쉽게 구부리면 언어의 진실성을 상실한다

진정 용기가 필요한 말
힘의 응축으로 굴절을 시도하는 말은
한번 내뱉는 것으로 족하다
그때 말은 곧 생각이고
생각은 곧 굴절이기 때문이다

시

자유에의 갈망.
터부에의 반항.
위선과의 한판.
고독과의 밀회.
아픔과의 화해.

노란 초

노란 초 껍질 벗고
타기 시작한다

하늘하늘 불꽃 흔들어
굳은 마음 부수고
따스한 빛과 아로마 향
지친 영혼을 휘감는다

빛은 오고 너는 가니
자신을 태우는 너를 두고
난 무엇을 태울까

어둠과 밝음의 뒤범벅
그 속에
나도 타고 초도 타네

네가 좋다

네가 오는 날,
가슴이 두근두근

산만한 세상
헝클어진 아우성 한가운데
침묵으로 파고들어
세상 상처 고요히 덮는
네가 좋다

미련 없이 온몸 던져
모두 너의 존재조차 잊을 때
빛을 쪼개고
가만히 쳐다보며
삶에 지쳐
쪼그라든 가슴
촉촉하게 두드리는 네가 좋다

뿌연 세상 중심에 외로이 서서
나를 잊고 살면
홀연히 다시 찾아와
나를 불러주는 네가 좋다.

모범생

고속도로를.
가장 비싼 차를 몰고.
초고속으로.
앞만 쳐다보고 달린.
사람이 있었다

가장 빨리
목적지에 도달했다

그리고
죽·었·다

늘 기쁜 일만 있고
늘 도덕적으로 살고
늘 남의 눈에 그럴듯하게만
보인.
사람이 있었다

늘 칭송을 받고
근엄하게 살았다

그리고
외·로·웠·다

그림자

해 뜨는 날
늘 동행하던 벗을 기억하는가

발길 머무는 곳
진흙길 마다 않고
네 곁을 지키던
벗의 신실함을 기억하는가

바닥에 몸 누이고
네 목소리에 귀 기울이던
벗의 겸손을 기억하는가

늘 검정 옷 입고
자신을 죽여
너를 돋보이게 하던
벗의 후덕함을 기억하는가

저녁노을 드리울 때
길게 드러누워 아련함 내던지던
벗의 여백을 기억하는가

햇살 노을 뒤로 숨고
어둠이 온천지 뒤덮을 때
자신의 존재마저 지워 안식을 주던
벗의 배려를 기억하는가

영면

지친 햇살

문틈에 끼어
신음하다가

침묵을 꼭 깨문 채
뛰어내렸다

쿵 하고
슬픔이 튀었다

우엉차

찻잔은
둔탁해 믿음을 주고
맛은
따사로이 혀를 녹이고
빛깔은
담백하기 이를 데 없어
스스로 멋스럽다
그 속에
마음 담가
그 멋을 닮고 싶구나

양복 한 벌

만질 수 없으나
내 눈엔 보인다 그 촘촘함

수십 년 실 틈에 품어온 온기
한 땀 한 땀 기다림의 세월

평생 해지지 않고
맑은 빛깔 띤
살 수 없는 옷

넉넉함 너무 커
바다로만 빨 수 있고
너무 따스해
태양이 부끄러워 고개 숙이는

마음 시리고
자신이 초라해 보일 때
오직
마음으로만 걸칠 수 있는

그대
그런 양복 한 벌
옷장에 걸어 두었는가

북극성

항해 중에
가장 힘든 경로는

정해진 길이 없을 때

거기엔
오로지

자유의지란 나침판이
고독이란 좌표만이
있기 때문.

득도

강은 속이 편해 좋다

사람들 토해낸
배설물
상처 보따리

황토에 둘둘 말아
머금고 간다.

바다는 속이 깊어 좋다

아무리 아팠어도
아무리 힘들었어도
말없이 삼키곤

다음날
넌지시 붉은 혓바닥 쑥 내민다

승자

사실을 바로 알려는 마음이 없는
비판은
이롭지 못하고

아무리 날카로운 비판도
포용보다
우위에 설 수 없다

비판은
날카로운 잣대로
모난 돌 모서리를 끊어내는데 그치나

포용은
무딘 덕성으로
그 거침을 어루만져 훌륭한 조각상을 낳는다

민들레

비옥한 땅 촉촉한 물줄기 마다하고
네가 찾은 것은
빈틈 하나

비좁은 틈새 속에
발을 담그고
태연히 웃고 있구나

벌써 눈치챈 거로구나

행복은
허허로운 영혼을 머금는 것이란 걸

높다란 담과
값싼 탐욕 속에 갇히길 거부하고
풋풋한 자유가 탐났나 보다

억새

억새는
화려하지 않아
오래 햇살과 미풍을 즐긴다

뭇 사람들의 이목을 버려둔 채
가장 자유로운 자태로
유연히 흔들린다

그 나름의 수수한 아름다움
질긴 생명 품어
세상을 견딘다는 것이 뭔지
조용히 속삭인다

많은 말이 없어도
침묵으로 흔들리면서
들풀은
우리의 사연을 고통을 알아
곁에 머문다.

성냥

붉은 머리 하나
하늘을 이고 걷는다

가끔은 스스로
가끔은 소명을 받아

뜨거운 심장 끌어안고
제 살 비비다

온 세상 태운다.

금을 넘어선 자

삶은 금을 긋는 일
자신의 욕심 끝에 서서
그 선 너머를 바라보는 것

삶은 금을 넘어서는 일
나를 넘고 너를 안아
환한 너의 얼굴에서 나를 찾는 것

삶은 금을 없애는 일
해와 달 다 품에 안아
어둠 가운데 빛이 머묾을 아는 것

홀씨 한 줌

이름 모를 들길에 서서
유연히 흔들리는 자유여

흘러가는 구름에
마음 얹고
함께 넘어보는 산과 들

자그마한 세상 속
업의 보따리들

툴툴 털고 일어서니
주머니엔
들꽃이 말없이 쥐여준 홀씨 한 줌.

시간여행

산다는 건
추억과 미래를
잇는 징검다리

허공의 줄 위에
자신을 세워두고
떨어지지 않는
견고한 언어들만 주워 담는 시험대

아무도 걷지 않은 길을
흔들리는 나침판 움켜쥐고
찍어가는 마음의 궤적

몸 꽁꽁 얼어
침묵으로 덮을 때
부서진 언어들로 수놓아
삶을 완성하는 여정.

담쟁이

다들
땅을 향해 내달리는데
넌 애써
하늘을 움켜쥐고 있구나

흙내 코를 유혹하고
중력이 네 몸을 끌어내려도
너를 버티게 하는 건 뭐니

탐욕과 세인의 인기,
번민을 키우는 칼집
땅에 풀어놓고

따스한 햇볕과 소박한 미풍을
온몸으로 칭칭 감아
하늘이 네 품에 안겼구나

신천 음식물 처리기계 앞에서

쉼 없이 돌아가는
컨베이어 벨트
그 속에
거친 목소리

거쳐 온 삶의 흔적
고된 냄새 내뿜는 곳곳에
아무도 쳐다보지 않는
너의 애환이 서려 있구나

사람들의 눈
꽃향기에 가 있을 때조차도
온갖 역겨움, 흉함을 삭히는
너의 거친 숨소리 있어
세상이 안식을 얻는구나

녹슨 노동이 멈출 때
사람들,
어둡고 힘겨웠던 시간을 기억해줄까

네가 긴 인고의 끈을 놓아
정적조차 드리우지 못할 때
이 시라도 홀로 남아
너를 기억하리라

조성진
-2015 쇼팽 콩쿠르 우승을 축하하며-

정점은
피를 먹고 산다

땀만으론 부족해 피,
피만으론 부족해 혼,
그 속에서
온전히 자유로움을 느낄 때
비로소 권위는 선다

권위는
삶 속에선 오랜 인고를,
자신에게는 무한의 겸허를,
타인에게는 경외감을,
신에게는 미소를 안긴다

피아노 건반 위에서
기타의 6줄 위에서
바이올린의 현 위에서
삶의 터에서
몸을 던져 권위를 세운 이

그 속에서
불꽃이 인다
삶이 탄다.

멈추고 싶거든

가다 거친 길 나오거든
삶은
덜컹대는 달구지 타는 거라 하지
폴폴 먼지 날리는 옛길 걷는 거라 하지

가다 막힌 길 나오거든
삶은
잠시 고였다 또 흐르는 강이라 하지
나의 열망을 시험하는 허들이라 하지

가다 오르막 나오거든
삶은
거친 호흡 속에 나를 찾는 거라 하지
인내의 여정 있어
황홀한 노을 지는 거라 하지

가다 고독한 길 나오거든
삶은
슬픔 속에서 울려오는 영혼의 소리라지
내 곁에 서 있는 너를 찾는 거라 하지

애수

아, 순백이구나

마치
그 많은 상처를,
그 숱한 설움을,
그 긴 인고를,

다 잊었다는 듯이

너, 해맑구나

길가에 서서

삶은
ㄹ과 ㅁ,
굽은 길
어색한 입구 속으로
허리 굽혀 들어감을 배우는 노정

삶은
ㄹ과 ㅁ,
열린 시간과 막힌 퇴로의 미로 속에서
인내의 붓으로
무던히 미래를 찍어가는 발자국

삶은
ㄹ과 ㅁ,
욕심이 나침판의 심지 흔들어
굴절을 일으키고
오만이 자신을 모나게 하여
돌부리에 넘어지는 그림자

삶은
하늘로부터 받은 생명선
모질게 꼬아가다가
흙을 품으며 귀천하는 여정.

어금니

오래 고생했구나
가장 빛 안 드는데
자리 틀고 앉아
가장 무거운 짐 털어내다
이제 주저앉았구나
더듬거리고 다시 불러보아도
너의 허공
침묵뿐
긴 세월
무언 속 빛이 이쁜이런가.

발자국

흰 눈이 온다
복잡한 셈법의 길 위
백색 침묵을 쌓고 쌓는다

정결의 화선지 위
누군가 찍은 생각의 징표
그 끝은 어딘지
세월의 무게를 견디어야 드러나는 시간의 궤적

허무의 자취일까
향기로운 여백일까

소리 없는 월담은 다시 시작되고
밤을 밟고 빛을 나르려는 누군가
침묵을 깨뜨린다.

혜성

너의 질서 속에서
내가 나로 선다는 것은 무슨 뜻이더냐.
너의 세계 속에서
내가 나의 뜻을 세운다는 것은 어떤 저항이더냐.
너의 언어 속에서
내가 나의 혀를 내뱉는 것은 무슨 뒤틀림이더냐.
너의 몸속에서
내가 나의 몸을 느낀다는 것은 어떤 느낌이더냐.

나의 숙명 속에서
그 아픔을 당연으로 씹어 삼킴은 얼마나 힘들더냐.
나의 운명 속에서
그 혼돈을 질서라 간주함은 어떤 좌절이더냐.
내가 선 곳에서
그 모순을 일상으로 고백함은 어떤 쓰림이더냐.
나의 선택 속에서
그 오류를 우둔으로 수용함은 그리 쉽더냐.

영원히 머리를 우주로 되돌려버린
너를
다시 본다는 것은 정녕 불가능한 것이냐.

나와 너

수없이 난 길
그 위에 찍힌 의미의 발자국
시간은 그것이 나라 하고
나는 그것이 진정 나인지 묻는다

체면의 발자국
욕심의 발자국
고독의 발자국
비바람에
흔적 없이 떠내려가고

강가,
자유의 물보라

아무도 찾지 않는
망각의 길목에 서서

마지막 남은 절절함이 그리움으로 다가올 때
우리 그것을,
나라 하자
너라 하자.

계영배

장미에
가시가 있음은
남이 나를 꺾지 못하게 하려 함이 아니라
붉음을 자만하면 색을 잃음을 스스로 경계함이요

소나무에
뾰족한 잎 달려있음은
푸름에 도취되지 않고
자중자애하려 함이라

아름다움은
그 색이 짙을 때
여백의 미를 잊지 말아야 하고

푸름은
그 빛깔 푸를 때
더 푸른 하늘 있음을 잊지 말아야 한다

장미와 소나무가
달빛에 취한 것을 스스로 알 때
내일의 태양은 다시 미소 던지리라.

미로

삶은

진화일까
도약일까
굴절일까

운명의 맞닥뜨림일까

신은
미로를 만들고
인간은
미로를 실험한다

산 사나이

먼 산
아름답고 웅장함을 자랑한다

좀 더 가까이

여기저기
아름드리 나무들이
눈을 시리게 한다

좀 더 가까이

깊이 패인 골짜기에
시들어가는 풀
바닥을 드러낸 개울이 보인다

좀 더 가까이

눈보라와 태풍을 맞으며
가지 부러지고
온몸 움츠리며 인고를 배운
세월이 느껴진다

좀 더 가까이

정상의
숨가쁨과 눈사태 안고
산과 하나 되어 죽어간
설산 고독이 보인다

오감에서 육감으로
너의 환희 너의 비애
온몸으로 받아들일 때

비로소
산사나이가 된다.

너는 아니

하늘을 나는 새
훨훨 난다지만
두 날개
그 고통을 아는가

하늘 가린 큰 나무
녹음을 자랑하지만
세월을 받친 줄기
그 인고를 아는가

유유히 흐르는 강물
큰 수량 뽐내지만
온 흙탕물
삼켜온 배앓이를 아는가

사랑을 노래하는 현악기
고운 선율 퍼져가나
그 현에 의해 깊이 팬
손가락의 눈물을 아는가

모든 냇물 모여든 바다
위용 보이지만
가장 낮은 곳에 마음 두어
왕자 된 걸 아는가.

창

바람은
겨울을 뚫고
봄을 나르고

사람은
시련을 뚫고
꿈을 나른다.

침묵

초침이 열심히 달려가고 있다
분침은 느릿느릿 걷고 있다
시침은 말이 없다

초침은 열심이란다
분침은 답답하단다
시침은 늘 제자리란다

늘 보아도 움직이지 않던
시침
어느새 세상을 돌려놓았다.

시 2

쪼개진 결핍의 틈
그 틈새
갈망의 피가 스며들어
잃은 나를 찾는 일

가장 깊이 숨어
애써 외면했던
네 앞에서
자신의 그림자를 발견하는 일

커다란 벽 앞에서
자신을 해체함으로
자유의 이름으로
그 벽을 허무는 몸부림.

시간의 향기

강은 느리게 흘러 들풀 피어나고
마음은 더디게 흘러 사랑 피어난다

화살 위에 올라타
그대에게 안긴 것은 바람뿐

정겨운 눈짓
따스한 손길은
멈춘 순간에 피어나고,
수정 같은 시간은
더딘 발자국으로 새겨지니

그대여,
세월이 급히 등을 떠밀거든
빈 가지
고요한 울림을 놓치지 말지라.

네가 있어

창가 가득
희망의 빛이여

음습한 그늘
다 거두어

치유의 역사를
다시 써라.

# 3. 존재의 거미줄

끊어진 1번 줄

나란히 한 몸 이룬
여섯 줄
그 중
가장 섬세한 네가 숨을 헐떡였구나

주인과 함께
너도
같은 시각
용을 쓴 거니

화음을 거부하며
너도
1인 시위를 한 거니

홀로 던져진
암흑의 미로
네 덕에
되돌아올 수 있었구나

내 영혼의 음색을
토해내던 너,
그 순간
함께 몸을 던졌구나

반전

삶의 변두리에서
고개 떨구지 마소
과녁 중앙이
늘 가장 많은 화살 받았나니
고개 들면
과녁 주위가 온통 자유이니

삶의 모서리에서
아파하지 마소
가슴 뛰는 역사는
모서리가 다 품고 있어
그때가
온통 새로운 길 터이니

삶의 시련 앞에서
기죽지 마소
먹구름과 태풍 후에
하늘이 더 높았나니
그 덕에
삶의 감칠맛을 알았구려.

신기루

사막 한가운데
신기루
무슨 죄가 있단 말이냐

없는 것을 있다고,
보이지 않는 것을 보고자 한 것은
욕망과 우둔인 것을

퍼내도
비워도
내 속에서 나를 흔드는

잊어도
외면해도
자꾸만 되살아나는

그가 신기루인 것을.

2월의 편지

바람이 가지를 스쳐 지나갈 때마다
가지는 맘이 뭉개져 온다
가지가 부러지면 바람을 잊을 수 있을까
기둥이 부러지면 바람도 흔적을 지울까
바람은 지나가면 그만이지만
그 바람에 잎을 떨군 나무는 너무 춥다
바람아 구름아 너는 아니
세월이 가도
늘 그 자리에 그대로 뿌리 내린 나무의 마음을.

묵비권

나만 들여다보고픈 곳

내 사랑
내 슬픔
내 수치

내 얼굴에 비추지 않은
내 응어리

너 품에 안겨
너의 응어리를 생각한다

내가 채워주지 못하는
내가 알면 안 되는

너의 소리 없는
응어리를 안고.

달빛의 실수

조심하시라

이드가 밤 골목길 돌아다니다가
싸놓은 궤변 덩어리

한밤중
벽을 탈출한 것 같더니
새벽에
초라해 망가져 우는 꼴이
가관이구나

이드는 왜 이리 처량한가

잠자던 슈퍼에고우 깨워
서둘러 네게 간다

어젯밤
네가 본 것은
나의 황색 똥 덩어리라고

네가
보지 말았어야 했을
내 슬픈 그늘이었다고.

갈대

광풍 일어도
눈보라 휘몰아쳐도
말이 없는 그대

그저
유연한 한줄기 들풀이려니
했건만

속 들여다보니

가녀린 몸
이리저리 내동댕이쳐지고
한파로 온몸 얼면서

긴 숨 움켜쥐고
그 세월을 이겼구나

부러지지 않고
휨이
인생이런가

가끔은
스스로는 꺾지 못하나
꺾이고 싶고

스스로는
한기 내뿜지 못하나
완전히 얼어

새로운 씨앗으로
거듭나고 싶구나

운무

동트는 새벽
시야가
뿌연 운무로 갇혀있다

사람의 마음 세계도
저런 건가

둘인 양하는 외톨이의 고독
외형상 평온한 부부의 단절
궁핍이 준 움츠린 영혼
웃는 얼굴에 숨겨온 비창

차라리

빗겨진 대머리
비뚤어진 코
쩔뚝거리는 너의 다리는
아름다움이어라

저 운무
새벽에 밀려
흔적 사라져가듯

웃는 얼굴에 가려진
마음속 아픔들이 밀려가도록
나도 저 운무 등을 떠밀고 싶네.

내 안의 나

나는 늘 나를 만나는데
실패한다

내 안의 악인은
세상에 드러낼 수 없고
내 밖의 선인은
나를 공허하게 한다

내 안의 악인은
진실되이 울고
내 밖의 선인은
기쁜 척한다
내 안의 악인은
내 고독의 해방구요
내 밖의 선인은
내 체면의 그림자다

내 안의 악인과
뒷골목 일을 도모하고
내 밖의 선인과
광장의 내 동상을 조각한다

언젠가 기회가 올까

내 밖의 선인 동상
스탈린마냥 망치로 쳐부수고
내 안의 악인 흉상
물 밖으로 드러내

실컷 만져보고 포옹하고
눈 맞출 날이
함께 활보할 날이

내 밖의 선인 흉상
부러진 목 끌어안고
침잠하는 해방을 지켜보면서.

존재의 거미줄

하늘에 얽어놓은 사념의 망
눈먼 구름을 낚을까
걸려 신음하는 하루살이가 될까
아니면
장막 걷어내고
스스로 하늘을 즐길 것인가

대뇌에 걸쳐둔 고심의 방
생각의 창살에 포위되어
관념의 포박자가 될 것인가
아니면
집착을 내려놓고
자유를 휘휘 젓는 시인이 될까

흔적

펜은
피를 찍어
운명을 그린다
넘을 수 없는 선을 넘으려
지울 수 없는 선을 지우려

운명은
펜 끝에 대롱대롱 매달려
쉽사리 포기를 모르고
펜은
애꿎은 운명을 지우려
피를 찍어댄다

설화

마른하늘
혀 세 치에 뚫린 구름이
바위 되어 날아들던 날

순식간 내린 설화
운명의 도화선을 타고
심장을 후려친다

한여름 폭설 맞아
혀에 찔려 죽는 것일까

그 와중에
설화
의연히 꽃 핀다

강가의 연서

봄으로 흐르는 강이 있다

들풀의 가르마를 타며
찬 이슬 깨문 들국화
그 속 깊은 미소를 벗 삼던 강이 있다

동토 한가운데
모순의 사각지대가 낳은
멍든 영혼
언 손
부르튼 눈물들

맑은 물빛
따스한 불꽃 토해내
잊힌 봄을 깨우는 강이 있다

빨리 와 흘러라
걱정 어린 균열의 틈새로.

반짇고리

세월의 뒷굽이 너덜너덜하다

한 올 한 올
헤진 틈새로
그을린 하늘이 비치는데

여러 갈래
꼬여진 사연에 끼어
백색 천사는 눈시울이 붉다

출렁거리는 삶의 허무를 등진 채
바구니엔 돌돌 만
가는 희망 꾸러미가 총총히 앉아 있다

하나 둘
머리칼 꼿꼿이 세운 채
조그만 눈
숨죽여 통과하니

매 시련의 마디마디
네가 지나간 궤적
애틋한 살이 돋아난다.

줄다리기

마음과 따로 노는 몸,
초점 잃은 네 눈에
첨벙 빠져 노를 저었다
너를 영원히 놓칠까 봐

몸과 따로 노는 마음,
욕심의 늪 속
나를 깨우려
넌 나를 흔들었구나

내 곁에 넌 꽃
네 곁에 난 뿌리

우리
햇살 속
두 눈으로 감사를 속삭이자

운석

멀리서 달려왔구나

오랜 침묵 꽉 깨문 채
긴 시간의 추를 옮겼구나

정적의 품 안에서
꺼지지 않은 소망의 불씨
세상 속 파고들어
쿵 하고 외마디 외쳤구나

보이는 건 찰나
긴 여정은 고독하였더라.

모서리에 서서

창밖 회색빛 드리우니
낮에 찾아온 노점상 아주머니
글썽거리는 눈매

눈물이 찾아들 틈이 있는지
난 이리 뒤집고 저리 뒤집는다
반 평 노점 하나조차도 거부하는 공간

서민의 삶은 구차함을 먹고 산다고
그 위에 빛나는 한 끼 오만 원의 스테이크

어디에서 만날까
뜨거운 기름기와 차가운 눈물

없는 틈
그곳을 비집고
희망의 틈을 찾아야 하는 나는
텅 빈 화선지가 그립다

너는 몰라

직선은
골목길이 왜 꾸부정한지 몰라

늘 활보하면서도
세상 사람들 등짐에
눈물이 고여 있는지 몰라

세상은
바쁜 걸음으로 내달려도
너무 큰 울타리

직선은
곡선이 늘 옆의 얼굴들 감싸
서로 팔짱 끼며 웃는 걸 몰라.

거꾸로 선 세목(世木)

하늘에 뿌리 내린 나무야
곧 해 그치고
달이 떠오르는데
숨이 차지 않겠니

하늘에 뿌리 내린 나무야
구수한 흙내
풀잎의 속삭임을 놓치고
외롭지 않겠니

하늘에 뿌리 내린 나무야
고된 발뒤꿈치
처진 어깨 떠받들기엔
너의 가지가 너무 가늘지 않겠니.

죽(竹)

언어가 소리는 있으되
뜻을 상실한 때

뜻은 있으되
빛을 상실한 때

차라리
너

속을 다 비운 채
침묵을 마디마디 새겼구나

모서리

네 눈이 스쳐 갔으나
도달 못 한 곳
네 손이 다가왔으나
온기 전달 못 된 곳
늘 거기에 서서
네 눈길, 손길 그리워
설움에 젖었다
인식은 있으나 공감이 결여된 곳에
관심은 있으나 책임이 사라진 곳에
늘 아픔은 배시시 새어 나오고
한쪽 구석
그래도 빛은 굴절 모른 채
네 품 파고들기를 작정하는구나
그래도 물은 가리지 않고
네 아픔 적셔 희석시키기 바쁘구나

이념이 깨어지고
형식이 지워지고
진영이 무너진 곳에
아픈 눈물을
뜨겁게 쳐다보는 이
언젠가
빛도 물도
안식일이 있을까.

여희광

갔습니다

선한 눈매
부드러운 미소를 남겨두고
한 사나이가 먼 길 떠났습니다

안타까움에
비통함에
채 눈물이 당신의 흔적을 지울 수 없습니다

대구 곳곳에
임의 애살 어린 눈길
속 깊은 사랑이 온통 스며들었습니다

이럴 줄 알았더라면
함께 엮은 인연의 실타래를
더 단단히 꼴 걸 그랬습니다

임도 빠져나가지 못하고
시간도 임을 데려가지 못하게
꽁꽁 숨겨 놓을 걸 그랬습니다

임이여
우리들의 가슴 깊숙이
자유로운 영혼으로
고이 잠드소서.

해설 | **신경섭 시인의 도형적 객체 인식의 풍경**

이상규(시인, 예술평론)

객체의 경계와 구조

 신경섭 시인의 처녀 시집 『생각의 풍경』은 단순히 '사물' 혹은 '객체'에 관한 관찰의 이야기가 아니다. 시라는 불멸의 강가에서 꽃잎 하나 시간의 강으로 흘려보내는 시간여행의 기록인 동시에 객체에 대한 관계론적 인식과 존재를 관찰한 여정의 언어로 짜여져 있다. 명문대 출신 엘리트로 미국 유학을 다녀온 고위공직자 출신이지만 한 시인으로서의 평범하고 친근한 인간적인 면모에서 느낄 수 있듯이 존재의 근원으로 치달아가려는 단단한 의지의 열매로 수확한 시 작품을 선보이고 있다.

 '알고 있다는 것'은 곧 모든 사물의 인식 실체다. 어떤 객체의 외관에 대한 관찰의 순간적 연속성은 사실 의식의 연속성이자 그 자체가 객체의 존재 양식이다. 시인의 인식 경험의 흐름 속에서 지속되는 것, 계속되고 있다는 것은 알고 있음Knowingness 혹은 경험하기이며, 외관은 단지 이 알고 있음의 변주에 불과하다. 그가 사물을 관찰하는 시각의 위치는 중앙이나 중심부가 아니라 변두리나 모서리 혹은 가장자리이다. 그의 신분은 중심부이지만 그의 문학적 시각은 변두리다. 그만큼 객체를 본래대로 포착할 수 있는 순수함을 지니고 출발한 시인이다.

 객체의 외관은 그 자체로는 어떤 실체나 연속성도 가지고 있지 않다. 알고 있음은 모든 경험이 일어나기 전, 일어나는 동안, 일어난 후에 존재할 뿐이다. 어떠한 외관이든 그 외관 자체가 존재하는 동안, 알고 있음은 외관의 모양을 취한다. 시는 바로 시인이 의식한 객체에 대한 인식의 언어풍경이다. 객체란 어떠한 외관의 있음과 없음을 뛰어넘어 늘 그대로 있을 뿐이요 외관으로서 모든 대상은 한정적이다. 예를 들면, 몸이나 마음은 외관으로서 한정적이다. 그러나 실제로는, 이 외관의 실체는 의식 그 자체이며, 그렇기에 아무런 한계가 없다. 곧 모든 사물의 실체는 시인의 언어 속에서 구현될 수 있는 것이다. 따라서 객체는 늘 흐르고 있고 시인은 그 흐르고 있는 사물의 풍경을 그려내는 전달자이다. 시인 신경섭은 도형적 객체의 관계망을 선으로 혹은 대립적 관계론적 존재의 풍경화를 그려내는 뛰어난 인식을 지닌 시인이다.

이제 그의 시 세계의 풍경 속으로 들어가서 생각의 풍경화를 감상해 보자. 시인이 세상 만물을 인식하는 인식 주체로서의 대상들은 꽃이나 변(屎)에 대한 인식 언어의 유로로 생성되고 있다. 세상을 경험하고 존재하는 방식에 대한 깊은 탐구서라 할 만큼 그의 시작은 객체와의 거리를 투철한 인식으로 그려내고 있다. 결코 가볍지도 무겁지도 않은 시인의 눈길은 무척 예리하기까지 하다.

꽃 한 송이
나무 한 그루
네게 내어주기까진
아직 핀 것이 아니다.

나의 소리
너의 눈매
무언의 오솔길 만들 때까진
아직 안 것이 아니다.

찬 이슬, 비바람
가슴에 뿌리내릴 때까진
아직 사랑한 것이 아니다.

너의 땅에서
나의 길에서
꽃 지고 잎 떨구어
슬픔으로 긴 그림자 길을 떠나도

아무도 찾지 않아
길이 스스로를 지울 때까진
아직 헤어진 것이 아니다.   「아직 아니다」

 인식 주체인 시인의 사물의 존재에 대한 인식 태도는 매우 분명하다. "꽃 한 송이/나무 한 그루"라는 객체에게 "네게 내어주기까진"/"아직 핀 것이 아니다."라고 한 시인의 단호한 인식 깊이와 넓이와 두께는 결코 가볍지 않다. '너의 땅'과 '나의 길'이라는 도형적 항등의 원리가 이 시집의 머리에서부터 발끝까지 일관되게 관통하고 있다. 시인이 시적 언어로, 꽃으로 상징화될 수 있는 객체를 다루는 것은 사물의 본질이 아니라, 사물과의 관계를 통해 드러나는 의식의 본질이다. 시인의 의식Consciousness이 세상 만물과 상호 작용하며 그것들을 어떻게 경험하고 이해하는지에 대해 투명하게 보여주고 있다.

> 늦가을의
> 한적한 성스러움
> 그 가운데 자리 잡은
> 예쁜 터
>
> 그 터의 아름다움에
> 눈부심을 더해준
> 이 세상 하나뿐인
> 도심의 수채화   「블루밍」

잠자리의 눈으로 보는 「블루밍」은 LED방식의 빛의 퍼즐 조각이 연출하는 형상물처럼 한적한 성스러움 가운데 자리 잡은 예쁜 터에 피어 있다. 그 풍경화를 도심의 수채화와 같이 꽃의 서정적 풍경화로 그려내고 있다. 그런데 단순한 수채화가 아니다. 객체에 대한 투철한 시인의 눈은 결절된 시각의 단절을 통합한 인식의 본질을 꿰뚫어보고 있다. 이러한 객체에 대한 성찰은 경험에 의한 것이 아니라 오히려 의식에 의한 이야기이다.

「군위 대율마을」에서 '길'은 시간과 공간을 구분짓는 경계이자 존재의 가장자리를 상징하고 있다. 그 길은 그리움의 징표이요, 꽃은 인식을 입체화한 도형으로서 공간과 시간의 거리를 중첩적으로 그려낸 시인의 의식이 도형화한 모습을 보여주고 있다. 신경섭 시인의 시는 그냥 그려진 것이 아니다. 시인의 인식 설계도를 시적 언어로 통해 객체의 본질을 밝혀내려는 시적 은유와 상징의 설계도이다. "돌로 쌓아 올린 예쁜 담/그 사이 파릇파릇 낀 이끼들/비에 촉촉이 젖은 흙길/마당 가운데/운치 있는 정자, 낡은 탈곡기//다시는 오지 않을 길/가슴에/아름다움 보태어/돌담과 자연과 꽃과 하나가 된다." 「군위 대율마을」은 얼핏보면 풍경화같아 보이지만 서정적 풍경 속에 발견된 "다시는 오지 않을 길"에서 인식이 입체화되는 의미의 중첩 구조를 읽어낼 수 있다.

경험의 대상이 객체라면 그 경험의 주체는 시인의 의식이다. 이 두 가지는 본질적으로 하나로 연결되어 있다는 점을 강조하지 않을 수가 없다. '사물'은 몸, 마음, 세상의 모든 대상의 존재를 일컫는다. 시인의 작품에서 '길', '밤', '선'과 같은 시어들이 품고 있는 존재론적 인식은 인식의 이편과 존재의 저편을 갈라놓는 상징적 징표이다. 그 가운데 사물들은 투명해 보이지만 경계의 이쪽과 저쪽 사이에서는 존재하면서도 존재하지 않는다. 무엇인가를 인식할 때 우리는 '나'라는 관념을 갖게 된다. 즉, "시인이 인식한다"는 관념을 지닌 것이 곧 의식이다. 시인이 거듭 강조하는 것은, 의식과 그 대상은 '하나'라는 사실이다.

귓가 봄 소리
어깨를 흔들고
햇살 내달려와
눈감은 꽃순 깨우네

거부할 수 없는
생명의 불씨여
시간의 힘이여

넌 늘 그대로인데
넌 늘 다시 얼굴 내미는데

미소 한가득 놓고
세월 속에 숨어버린
너를 부를
이름이 없구나   「망각」

「망각」은 시인이 설계한 구조적 의미망을 아주 섬세하게 드러낸 작품이다. "귓가 봄 소리/어깨를 흔들고/햇살 내달려와/눈감은 꽃순 깨우네"와 같이 봄이 오는 소리가 꽃순의 눈을 뜨게 깨우는 순차적인 구성, 곧 "소리—흔듦—햇살—꽃순"의 인식의 변화는 급기야 소리가 불씨로 바뀌는 시간의 힘으로 변화하고 너의 모습은 늘 숨어 있어서 시인은 애타게 너의 존재를 호명하고 있다. 시인의 존재론적 의식에 의해서 대상적 경험이 창조되며, 모든 대상적 경험은 시인의 의식 안에서 이루어진다. 세상 만물은 시인의 의식 속에서 존재할 뿐이다. 현학적인 개념을 동원하지 않고 일상적이고도 평범한 시적 언어로, 그러나 비범하고도 아름답게 설명해 주고 있다.

신경섭 시인의 '길', '밤', '선'과 같은 시어들이 품고 있는 존재론적 인식 징표가 「첫사랑」에서는 "시간을 넘기며 종이 사이 꽂아둔 숨결"로 승화하다가 급기야 "구겨지지 않은 눈길"로 "바스락거리는 기억 조각들"이라는 또 다른 객체를 불러와 일으켜 세운다. 그러한 수사적 능력은 무리없이 "흰 머리카락"이 "세월의 갈대숲"과 조응하다가 "책갈피"라는 경계를 불러온다. 신경섭 시인은 시의 언어로 존재를 불러와 인식의 구조물을 만들지만 그 구조물은 모호하거나 구체적인 실존의 존재물이 아니다. "시간은 말한다/책장은 넘기는 거라고/다 넘기면 희미해져/나중 다시 첫 표지만 남는 거라"고 한다. 시인과 객체 사이에 소멸하는 존재는 새로운 시간을 잉태를 하는 시인의 한계이다. 결코 언어로 본질에 다가갈 수 없는 비운의 운명을 시인은 이미 알아차리고 있다. 그러므로 「코스모스」에서 "자유의 깃발"을 호명하며 당당했던 시인은 때로는 "감당하지 못"한 운명이며 "가을은/그리움이 배인 편지지/사람 향기 그리는 연필" 「가을을 수 놓은 사람」이라며 노래하기도 한다. 객체에 대한 인식이 때로는 흔들리며 요동하는 실존의 모습을 인지한다.

대상의 소멸

시인이 객체를 언어로 드러내는 과정에서 객체는 양자역학에서 말하는 '흔들림'과 '변화'의 낌새를 시간과 공간 속에서 확연히 느끼고 있다. 「10월의 마지막 날에」에서 "단풍이 너무 고와/지붕 아래/하늘이 부서지는 날"이라며 노래하지만 "영원히 마르지 않는/기억의 우물에서/10월을 꼭 껴안은/나를,/너를,/건져낼 수 없다"는 존재론적 인식론적 한계 앞에 서성이고 있다. 만약 그의 설명이 어렵게 느껴진다면,

그것은 아마도 독자의 시를 읽는 능력이 미숙한 탓일 가능성이 크다.

불이론(不二論)은 말 그대로 "객체는 둘이 아니다"라는 뜻이다. 비록 둘이 있는 것은 아니지만, 그렇다고 해서 "모든 객체가 하나"라고 말하는 것은 너무 지나치다. 시인은 떨어지는 단풍잎, 하늘이 부서지는 날, 객체가 변조되는 낌새를 알아차린 것이다. 객체는 하나가 아니지만 하나이다. 왜냐하면 세상 만물이 다 같은 한 덩이라고 말하는 순간, 그것을 하나의 커다란 인식 대상으로 만들어버릴 우려가 있다. 그리고 그 순간 "모든 것이 하나"라고 인식하는 인식 주체가 자연스럽게 떠오르게 된다. 즉, '한 가지'를 이야기하는 순간, 그것은 필연적으로 '두 가지'를 암시하게 해준다.

대상이 소멸되는 것 같지만 소멸되지 않는 환원의 변수가 바로 시간이다. 우주의 전체성을 이야기하려면 반드시 우주의 전체성을 알아차리고 인식하는 인식 주체가 전제되어야 한다. 그 인식 주체는 마치 우주 밖에서 우주를 인식하는 것처럼 느껴지는 법이다. 그래서 불가피하게 '하나다'라는 말 대신에 '둘이 아니다'라고 말할 수밖에 없는 것이다. 그 변화의 변수 가운데 가장 큰 요인은 시간이다.

그대
시간을 바늘로 꿰매어 본 적이 있는가

가시 하나 없으면서
나를 얽어매고

끔새 하나 없으면서
전율을 일게 하는
시간

그대
사람을 시간 속에 가두어 본 적이 있는가

수갑 하나 없으면서
내 마음을 꽁꽁 묶고

눈빛 하나로도
온몸에 생명을 선사하는
사람

그대
사람을 바늘로
시간 속에 꿰매려 한 적이 있는가   「바느질」

　「바느질」에서 신경섭 시인은 존재론의 불이론의 경계를 꿰매는, 곧 이음질을 하는 요소가 시간임을 밝히고 있다. "그대/시간을 바늘로 꿰매어 본 적이 있는가", "그대/사람을 시간 속에 가두어 본 적이 있는가"라는 옹골찬 물음 속의 주인공은 누구일까? 객체일까? 사람일까? 시인의 궁금증은 객체의 본질에 있다. 그러나 그 객체의 본질을 알고 싶어하는 주체는 사람이다. 그 객체나 그 사람이나 둘일 것 같지만 둘이 아니다. 시간의 바늘로 꿰매어 놓으면 하나이다. 그 미궁의 시간을 「까만 하늘」에 담아 놓았다. 신경섭의 유년 시절 이웃 처녀를 담벼락 넘어 훔쳐보았던 기억은 "건초 위에 누워/까맣게 타들어 가는/눈부신 하늘을 쳐다본" 시절에 있다. 섬광처럼 스치는 회상Eingedenken이 한 시인의 엄청난 역사의 방출일 뿐일까? 윤미애의 『Walter Benjamin(벤야민과 기억)』 말처럼 "현재가 과거에 접근하기 위해 노력하는 것이 아니라 과거가 현재에 다가와야 한다.(벤야민 전집 V. 1057)" 시간 속에서 회상한 기억의 존재는 신경섭 시의 텍스트 속 여기저기 흩어져 있다. 이는 무의식적 기억의 시학을 통한 존재론적 성찰이라고 말할 수가 있다. 역사에서 망각한 영역의 주체가 문학으로서 변용되었고, 역사인식에서 현재의 관점을 강조한 실존 시각의 편린들이 시인의 시적 철학의 한 부분을 차지하고 있음을 알 수 있다. 그 추억의 한 끄트머리에는 순결한 사랑이라는 덜 익은 열매들이 달려있다. 시인이 소환하는 기억과 추억, 잃어버린 에로스는 철학적 거울에서 튕겨난 파편들이지만 존재의 본질을 구성하는 주요한 성분이다. 아라공으로 대표되는 초현실적 이미지 공간이 아닌 순결한 파사주Passage의 회상으로 침잠하는 문학적 실존적 공간은 오로지 현존으로서의 의식만이 참된 실체라면서 시인의 경험 세계를 펼치고 있다.

하루
강렬한 햇살에
단번에 피는 꽃은 없다

꽃은

한 시절 얼굴 내밀기 위해
일 년을 인내하고
뿌리는
굳은 흙 파고드는 몸부림을 포기할 줄 모른다

꽃봉은
다른 꽃 개화를 시샘해
성급한 만개를 꿈꾸지 않고
사랑은
한 번의 고백을 위해
백번의 망설임을 한다

인내는
꿈을 먹고 자라고
겸손은
인내 위에 꽃핀다.　　　　「쉽게 피는 꽃은 없다」

　우리는 늘 세상을 경험한다. 그것이 경험 자아가 하는 일이다. 경험은 경험 자아가 지속적으로 만들어내는 스토리텔링이다. 경험은 몸이 체험한 생각Denken이다. 「쉽게 피는 꽃은 없다」에서 "꽃"은 실존의 경험이다. 대단히 교화적인 시작이지만 경험 속에서 변함없이 빛나는 생각이 있다. 그것이 바로 의식이다. 그 교화적인 의식보다 더 중요한 것은 나의 현존과 사물의 현존 의식을 통해서 공유되는 동일한 현존인 것이다. 나의 현존이 곧 시간성을 통해 결합하는 사물의 현존이다.

시학의 새로운 역사 이미지는 정치적인 항의와 저항을 작동시키는 역량을 갖는다. 시인이 시를 쓰는 일은 횔덜린의 말처럼 인간의 행위 중 가장 죄가 없는 일이다. 그것은 세속의 이해타산을 넘어선 그 자체로서의 의미를 가지는 것이기 때문이다. 시는 학문이나 도덕 또는 정치나 경제가 아니다. 시는 시일 뿐이다. 「시」라는 작품에서 "자유에의 갈망./터부에의 반항./위선과의 한판./고독과의 밀회./아픔과의 화해."라고 이해하는 시인의 존재에 대한 각인 방법은 '너'와 '나', '어둠'과 '밝음', '삶'과 '죽음', '하늘'과 '땅'이라는 이원적 미러 이미지mirror image의 대치적 구조로 객체를 살려내는 명징한 기법을 자주 사용하고 있다.

고속도로를.
가장 비싼 차를 몰고.
초고속으로.
앞만 쳐다보고 달린.
사람이 있었다

가장 빨리
목적지에 도달했다

그리고
죽·었·다

늘 기쁜 일만 있고
늘 도덕적으로 살고

늘 남의 눈에 그럴듯하게만
보인.
사람이 있었다

늘 칭송을 받고
근엄하게 살았다

그리고
외·로·웠·다   「모범생」

모범생은 마치 시인의 자서전의 일부를 엿본 기분이다. 어둠과 빛, 죽음과 외로움의 조응 구조 안에 담아낸 삶의 허구적일 것 같은 대응구조에서 사회성이나 정치성을 살짝 드러내고 있다. 「승자」라는 작품에서는 "사실을 바로 알려는 마음이 없는/비판은/이롭지 못하고//아무리 날카로운 비판도/포용보다/우위에 설 수 없다//비판은/날카로운 잣대로/모난 돌 모서리를 끊어내는데 그치나//포용은/무딘 덕성으로/ 그 거침을 어루만져 훌륭한 조각상을 낳는다"라고 하여 '비판'과 '포옹'의 저울질을 하면서 「민들레」처럼 살아온 자신의 인생관을 보여준다. "행복은/허허로운 영혼을 머금는 것이란 걸//높다란 담과/값싼 탐욕 속에 갇히길 거부하고/ 풋풋한 자유가 탐났나 보다"라는 시인의 솔직한 모습이 건너편 거울에 비친다.

삶은 금을 긋는 일
자신의 욕심 끝에 서서

그 선 너머를 바라보는 것

삶은 금을 넘어서는 일
나를 넘고 너를 안아
환한 너의 얼굴에서 나를 찾는 것

삶은 금을 없애는 일
해와 달 다 품에 안아
어둠 가운데 빛이 머묾을 아는 것 「금을 넘어선 자」

 시인은 살아오면서 그어진 금 속에서 매우 제한된 고위 공직자로서의 삶을 살아왔다. '명'과 '암', '해'와 '달', '나'와 '너'라는 객체의 경계를 허물어야 불이의 존재에 다가갈 수 있음을 알고 있기 때문에 가끔 금을 넘어서기 위한 위안으로 "흘러가는 구름에/마음 얹고/함께 넘어보는 산과 들" 「홀씨 한 줌」을 바라보며 이 세상을 살아왔다. 그러다 경계 건너편의 빈 주머니에 들꽃 홀씨 한 줌이 남아 있음을 발견한 시인이 되기로 했다.
 시인 자신과 사물은 구분되는 두 가지가 아니지만 시인은 늘 인식 대상과 인식 주체에 대해 생각의 끈을 놓지 않는다. 여기서 인식 주체는 흔히 '나'라고 불리는 존재다. 이 '나'는 곧 나의 몸과 마음(생각, 감정, 의도 등)으로 이루어져 있다. 그러나 실제로 우리는 우리의 몸과 마음을 늘 대상적으로 인식한다. 시인의 감정, 생각, 느낌이나 시인 자신의 몸 상태 등에 대한 인식은 모두 의식이 사물을 인식하는 방식과 다르지 않다는 말이다.

운동하는 객체에 대한 인식

토마스 네일(Thomas Neil)은 『Returning to Revolution』에서 개체에 대한 유물론적 관찰 결과로 움직이는 객체, 원심적이거나 대립적 객체와 방향적 객체, 탄성을 가진 객체의 존재론을 설파하여 들뢰즈와 함께 주목받는 현대 철학자의 한 사람이다. 신 시인의 시작에서도 방향적 객체로서 상호 대립된 이미지를 뛰어넘어 탄력적으로 움직이는 객체의 흐름을 읽어낼 수 있다.

다들
땅을 향해 내달리는데
넌 애써
하늘을 움켜쥐고 있구나

흙내 코를 유혹하고
중력이 네 몸을 끌어내려도
너를 버티게 하는 건 뭐니

탐욕과 세인의 인기,
번민을 키우는 칼집
땅에 풀어놓고

따스한 햇볕과 소박한 미풍을
온몸으로 칭칭 감아
하늘이 네 품에 안겼구나   「담쟁이」

「담쟁이」에서는 담쟁이라는 식물의 속성을 "다들/땅을 향해 내달리는데/넌 애써/하늘을 움켜쥐고 있구나"라며 양극적 방향의 운동성으로 인식한다. 또한 존재가 움직이는 역학은 '탐욕'과 '빈집'으로 조응함으로써 실존 객체의 본질에 뿌리 깊숙이 박힌 시인의 인식에 미치고 있다.

삶의 변두리에서
고개 떨구지 마소
과녁 중앙이
늘 가장 많은 화살 받았나니
고개 들면
과녁 주위가 온통 자유이니

삶의 모서리에서
아파하지 마소
가슴 뛰는 역사는
모서리가 다 품고 있어
그때가
온통 새로운 길 터이니

삶의 시련 앞에서
기죽지 마소
먹구름과 태풍 후에
하늘이 더 높았나니
그 덕에
삶의 감칠맛을 알았구려.   「반전」

「반전」은 이 시집 가운데 시인의 가장 성취한 사상이 담겨져 있는 작품이다. 삶의 가치의 맛을 알려주는 과녁 중앙의 피를 흘리는 고통과 화살이 덜 박히는 모서리를 대조하여 "가슴 뛰는 역사는/모서리가 다 품고 있어"라며 덜 조명 받는 객체의 서러움을 위로해주고 있다. 시인의 의식은 시인의 몸과 마음 상태를 알아차릴 수 있기 때문에 이러한 인식 주체로서의 '나'는 시인의 몸이나 마음으로 이루어져 있는 것이 아니다. 한때 과녁의 중심에서 서 있었던 관찰자의 고뇌 어린 고백이 결코 거짓이 아니라 진실된 현존의 상황임을 알려내는 힘이 바로 예술, 시의 마력이 아닐까?

  잘났든 못났든 우리의 몸과 마음은 세상의 일부이고 인식 대상이지 인식 주체가 아니다. 몸과 마음은 단지 의식 속에 나타나는 대상이자 경험일 뿐이고, 의식이야말로 진정한 '나'인 것이다. 더러 어떤 작품에는 인식 주체와 인식 대상을 뚜렷하게 구분해 내려는 시인의 자의식이 반영되어 있지 않았을지도 모른다. 그러나 시인의 무의식 속에서 맴돌았던 객체에 대한 실존 인식 속에서 시인이 경험하고 기억으로 소환해낸 사물들에 대한 모든 경험이 모두 다 의식 그 자체라는 것을 깨닫게 된다.

  객체가 관찰자의 고정 관념들이나 개념들에서만 생겨나는 것이라면 객체 자체의 현실적 면모들에 관한 지식의 근거는 전혀 있을 수 없다. 객체가 무엇이든 간에 시인이 접근할 수 있는 것은 오직 사유들, 낱말들, 그리고 행위들뿐이다.

  사막 한가운데
  신기루

무슨 죄가 있단 말이냐

없는 것을 있다고,
보이지 않는 것을 보고자 한 것은
욕망과 우둔인 것을

퍼내도
비워도
내 속에서 나를 흔드는

잊어도
외면해도
자꾸만 되살아나는

그가 신기루인 것을.　　　　「신기루」

「신기루」라는 시를 보면 과학자가 관측한 결과와 신경섭 시인의 관찰 결과는 너무나 판이하다. 일상적인 삶 속에서 시인은 보통 인식 주체와 인식 대상이라는 이원적인 방식으로 세상을 이해하려고 한다. 이원성은 일종의 환상일 수도 있다. 주체와 대상은 하나의 의식 안에서 발생하는 동일한 실체의 양면이라는 것을 시인은 시라는 언어로 존재의 본질에 다가서는 것이다.

의식에서 유리된 객체

신경섭 시인은 프로이드의 의식과 무의식의 세계를 조명하기도 한다. 시인의 지각 작용을 통해 의식에 떠오르는 모든 사물은 사실 인간의 의식이 특정한 모습으로 드러난 것에 불과하다는 모순을 「달빛의 실수」라는 작품을 통해 확인할 수 있다. 본능과 자의식이 충돌되는 모습을, 그리고 그 흔들리는 객체의 본래 모습을 달빛의 변화에 대비시키고 있다.

조심하시라

이드가 밤 골목길 돌아다니다가
싸놓은 궤변 덩어리

한밤중
벽을 탈출한 것 같더니
새벽에
초라해 망가져 우는 꼴이
가관이구나

이드는 왜 이리 처량한가

잠자던 슈퍼에고우 깨워
서둘러 네게 간다

어젯밤
네가 본 것은

나의 황색 똥 덩어리라고

네가
보지 말았어야 했을
내 슬픈 그늘이었다고.   「달빛의 실수」

　시인은 객체의 실존의 모습을 규명하기 위해 끝없는 실험을 시도하고 있다. 월인천강지곡의 달과 같은 형상의 다양한 변화를 「달빛의 실수」라는 인식의 그릇에서 흔들리는 다양한 객체의 형상을 그려내려고 하고 있다. 이러한 시인의 실존에 다가서려는 노력은 마치 바닷물 위에 바람이 불어 파도가 치는 것과 비슷하다. 파도는 각기 독특한 형태를 지닌 채 우리 앞에 나타나지만, 사실 그 본질은 바닷물이다. 마찬가지로 시인이 관찰한 달빛의 이미지, 듣는 소리, 그밖에 경험하는 모든 것은 다 시인의 의식 속에 떠오르는 의식의 여러 형태들에 불과하다. 객체의 흔들림, 유동하는 본질은 마치 바다 위에 떠오르는 파도같은 달빛이 저지른 실수라는 의식과 그 달의 실체는 본질적으로 동일한 것이 아닐까? 이처럼 시인의 의식은 모든 경험의 근본 실체이다.

동트는 새벽
시야가
뿌연 운무로 갇혀있다

사람의 마음 세계도
저런 건가

둘 인양하는 외톨이의 고독
외형상 평온한 부부의 단절
궁핍이 준 움츠린 영혼
웃는 얼굴에 숨겨온 비창

차라리

빗겨진 대머리
비뚤어진 코
쩔뚝거리는 너의 다리는
아름다움이어라

저 운무
새벽에 밀려
흔적 사라져가듯

웃는 얼굴에 가려진
마음속 아픔들이 밀려가도록
나도 저 운무 등을 떠밀고 싶네.   「운무」

  시인의 의식은 마치 자욱한 운무 속에 갇혀 방황하는 모습을 보여주기도 한다. "궁핍이 준 움츠린 영혼"이기도 하고 "웃는 얼굴에 숨겨온 비창"과 같은 모호하고 불명료한 운무 속에 보이다 사라지고 사라졌다가 다시 얼굴을 내미는 객체와 그리고 시인의 의식은 하나가 된다. 시인이 경험하는 모든 것은 의식을 통해 이루어지며, 의식 없이는 어떤 경험도 존재할 수 없다. 모든 실체들(몸, 마음, 세상)은 의식 속에서 나타나고 사라지는 현상이자 의식 그 자체이다.

 시인의 실존 인식은 다시 공간적으로나 시간적으로 제한되지도 않지만 또렷하게 선상 대립을 보여준다. 안과 밖, 악과 선, 고독과 체면은 「내 안의 나」라는 작품에서, 내면을 id와 ego의 마주 보고 선 존재의 무한한 의식은 「흔적」이라는 시에서 볼 수 있다. "넘을 수 없는 선을 넘으려/지울 수 없는 선을 지우려" 시인은 운명의 피를 펜으로 찍어 선을 긋고 있다. 「사람아」에서는 "쉬지 않고 쓰고/지우고 다시 쓰는,/밀려오고/다시 도망가/부서지는 흔적이여"라며 때로는 흔적이라는 인식을 부수어 버리기도 한다.

 신경섭 시인의 의식은 무한대로 확장되어 모든 존재와 객체를 포함하고 있다. 몸, 마음, 세상은 의식 속에서 나타나고 사라지는 일시적인 환영일 뿐이지만 시인의 자의식은 그 자체가 영원히 변치 않는 실체이다. 시인이 존재하는 위대한 이유는 바로 이 때문이다. 시간과 공간이라는 개념도 결국 시인의 의식 안에서 만들어진 것이라는 말이다. 즉, 시간과 공간은 곧 시인의 의식이 만들어낸 생물학적 실체라는 것이다. 풍경의 객체는 곧 시인의 의식의 투영물이자 '나'이다. 세상 만물에 대한 우리의 경험은 시인의 의식이다. 따라서 세상 만물의 객체는 '나'와 본질적으로 동일하다.

 시인의 의식에서 유리된 객체는 인간의 내면에 함께 존재하는 것이지만 그 풍경을 언어로 호명해 낼 수 있는 이는 바로 시인이다. 시인이 천상의 언어로 그려내는 그 자체가 이미 온전하기에 객체를 깨닫는 과정에서 진정한 평온과 고요와 행복에 이르는 길로 들어설 수 있다.

「창」이라는 작품에서 창을 투과한 바람을 통해 세월의 시간과 만나고 또 창을 통해 바라보는 사람을 통해 시련과 희망의 꿈을 나르는 존재의 틀을 만날 수 있다.

바람은
겨울을 뚫고
봄을 나르고

사람은
시련을 뚫고
꿈을 나른다.   「창」

「창」을 통한 시인의 의식은 스스로를 깨닫는 명상의 풍경화이다. 명상은 특정한 상태를 만들어내거나 바꾸려는 행위가 아니라, 있는 그대로의 자신으로 존재하는 것이다. 「줄다리기」에서는 객체와 시인이 느끼는 인식이 분리되기도 한다. '마음'과 '몸', '꽃'과 '뿌리'로 분리되어 실체를 벗어나는 순간이 있지만 '우리'로 다시 하나가 되는 견고한 뿌리를 가지고 있다.

마음과 따로 노는 몸,
초점 잃은 네 눈에
첨벙 빠져 노를 저었다
너를 영원히 놓칠까 봐

몸과 따로 노는 마음,

욕심의 늪 속
나를 깨우려
넌 나를 흔들었구나

내 곁에 넌 꽃
네 곁에 난 뿌리

우리
햇살 속
두 눈으로 감사를 속삭이자   「줄다리기」

  경계로 분리될 수 있는 인식의 틀을 엮어내는 한 가운데 '나'와 '너'라는 견고한 줄다리기의 끈이 존재한다. 인간 존재의 '너'와 '나'의 공동체적 틀은 완전하며, 이 완전함을 깨닫기 위해 어떤 애씀도 필요하지 않다. 이러한 점에서 시적 명상은 애쓰지 않는 애씀effortless effort이다. 시를 쓰고 읽는 순간의 고요한 명상은 삶이 자연스럽게 흐르도록 수용하는 태도와 긴밀하게 연결된다.

  시를 쓰는 이유와 읽는 효용의 원리는 시의 창을 통해 사물과 만나고 사물의 본질을 깨닫는 방법이라고 할 수 있다. 신경섭 시인의 생각의 풍경 속에 아주 친근하게 다가오는 작품 가운데 「모서리에 서서」가 있다. 왜 모서리에 서서 노점상 아주머니의 글썽거리는 '눈매'에 시인의 의식이 멈추었을까? 반 평도 되지 않는 비좁은 노점상 상인의 모습을 뜨거운 기름과 차디찬 눈물이 범벅된 일상의 풍경화 속에서 발견하고, 희망을 그려낼 텅 빈 화선지를 찾는 시인의 뛰어난 인식이 햇살에 반짝 빛나는 눈물 한 방울로 비친다.

   창밖 회색빛 드리우니
   낮에 찾아온 노점상 아주머니
   글썽거리는 눈매

   눈물이 찾아들 틈이 있는지
   난 이리 뒤집고 저리 뒤집는다
   반 평 노점 하나조차도 거부하는 공간

   서민의 삶은 구차함을 먹고 산다고
   그 위에 빛나는 한 끼 오만 원의 스테이크

   어디에서 만날까
   뜨거운 기름기와 차가운 눈물

   없는 틈
   그곳을 비집고
   희망의 틈을 찾아야 하는 나는
   텅 빈 화선지가 그립다 　　　　　「모서리에 서서」

「모서리에 서서」는 이미 현존하는 풍경을 알아차리는 과정을 그려내고 있다. 시인의 자의식의 본질을 이해함으로써 삶의 모든 측면이 조화를 이루게 되고, 희망의 틈을 비집어 내려는 힘이 생겨난 것이다. 한 사회가 안고 있는 고통의 근본 원인인 잘못된 고정관념과 집착을 해소하는 길을 제시하려는 의도가 숨어있는 게 아닐까? 이를 통해 시인이 추구하는 평온함과 자유는 이미 우리 안에 있음을 알려준다.

객체를 향한 시각

고위직 관료로 살아온 신경섭 시인의 눈길과 살갑고 따뜻한 마음이 마냥 감상적이지만 않다는 점은 매우 중요하다. 그의 시는 철학적이고 심오한 내용을 다루면서도, 독자가 자신의 경험으로 받아들일 수 있도록 설득력 있고 명료한 이미지를 구사하는 재치와 철학적 원리를 일상적인 시적 언어로 풀어내는 힘을 지니고 있다.

그가 사물을 관찰하는 시각은 중심에 위치하지 않는다. 놀라우리만큼 겸허하고 순수한 그의 눈빛은 늘 변두리나 모서리에서 객체로 향한다. 그곳은 그의 사물을 향한 시각이 왜 중요한지, 그가 사물의 존재를 도형적 관점에서 객체를 인식할 수 있는 가장 적절한 시점의 위치이기도 하다. 「반전」에서는 "삶의 변두리에서/고개 떨구지 마소/과녁 중앙이/늘 가장 많은 화살 받았나니/고개 들면/과녁 주위가 온통 자유이니"라는 번쩍이는 위로를 던져 준다. "삶의 모서리에서/아파하지 마소/가슴 뛰는 역사는/모서리가 다 품고 있어/그때가/온통 새로운 길 터이니"라고 하여 역사의 중심이자 인간 삶의 역동적인 힘의 원천은 변두리임을 그는 알고 있다. 객체를 바라보는 그의 눈길이 얼마나 진지하고 따뜻한가? 그러면서 "먹구름과 태풍 후에/하늘이 더 높았나니"라는 시적 비유로 아주 능숙한 대조를 유감없이 발휘하고 있다.

그는 아마도 인생의 승자 가운데 한 사람이다. 일찍 명문대를 나와 행정고시에 합격한 그리고 외국대학에서 수학한 엘리트이다. 좀 건방을 떨어도 될 만한 인물이지만 그는 전혀 다른 길을 걸었다. 그가 사물을 바라보는 태도, 시를 쓰는 그의 눈길을 보면 알 수가 있다.

> 사실을 바로 알려는 마음이 없는
> 비판은
> 이롭지 못하고
>
> 아무리 날카로운 비판도
> 포용보다
> 우위에 설 수 없다
>
> 비판은
> 날카로운 잣대로
> 모난 돌 모서리를 끊어내는데 그치나
>
> 포용은
> 무딘 덕성으로
> 그 거침을 어루만져 훌륭한 조각상을 낳는다   「승자」

「승자」라는 작품은 시인의 문학관이 반영되어 있다고 할 수 있다. 시인은 이념이나 정치적 관점에서 조명하는 소위 민중문학적 시각을 경계하고 있다. "포용은/무딘 덕성으로/그 거침을/어루만져 훌륭한 조각상을 낳는다"며 승자들의 독선이 포용도 관용도 아니요, 비판을 위한 비판은 세상을 어두운 역사적 그늘 속으로 밀어넣는다는 원리를 알고 있다. 자괴주의나 감상주의 편향성에 발을 딛고 서 있는 대안없는 문예적 비판보다 공정성과 균형 감각이 무뎌진 분단극복의 감각만 예민해진 민중문학 비평가들에게 직필의 비평을 피하는 이유는 그들의 집단적 폭력의 가능성과 집단을 이룬 위협의 가능성 때문일 것이다. 얼핏 역사 앞에 선 한국문학을 예술적 휴머니터를 이념에 매몰시키지 말 것을 이야기하고 있다. 변두리에서 객체를 바라보는 시인의 시각은 문학 속에 잠재될 수 있는 폭력성을 거부하고 있다. 중심에 위치한 삶을 살았던 이로서 당당하게 할 수 있는 언사라고 평가한다.

> 네 눈이 스쳐 갔으나
> 도달 못 한 곳
> 네 손이 다가왔으나
> 온기 전달 못 된 곳
> 늘 거기에 서서
> 네 눈길, 손길 그리워
> 설움에 젖었다
> 인식은 있으나 공감이 결여된 곳에
> 관심은 있으나 책임이 사라진 곳에
> 늘 아픔은 배시시 새어 나오고
> 한쪽 구석
> 그래도 빛은 굴절 모른 채
> 네 품 파고들기를 작정하는구나
> 그래도 물은 가리지 않고

네 아픔 적셔 희석시키기 바쁘구나
이념이 깨어지고
형식이 지워지고
진영이 무너진 곳에
아픈 눈물을
뜨겁게 쳐다보는 이
언젠가
빛도 물도
안식일이 있을까.　　　　　「모서리」

「모서리」는 시인의 시작 태도와 모습을 솔직하게 고백한 작품이다. 객체에 대한 거리와 다가서기가 결코 쉬운 일이 아니다. "네 눈이 스쳐 갔으나/도달 못 한 곳/네 손이 다가왔으나/온기 전달 못 된 곳/늘 거기에 서서/네 눈길, 손길 그리워/설움에 젖었다"는 존재의 본래 모습에 도달하는 일이 험난하고 어렵다는 말이다. 시인은 "이념이 깨어지고/형식이 지워지고/진영이 무너진 곳에/아픈 눈물을/뜨겁게 쳐다보는 이"라며 객체에 이르는 길 옆에 온갖 이념과 정치적 가시덤풀이 엉켜있음을 이야기하고 있다. 문학의 길은 바로 그러한 가시덤불을 헤치고 나서야 객체의 본질에 온전하게 도달할 수 있다. 순수하고 따뜻하게 사물을 인식하고 관찰하는 그의 시적 태도는 앞에서 말했듯 도형적이고 입체적으로 잘 짜여져 있다.

　신경섭 시인의 시적 미래를 잠시 상상해 본다. 사물에 대한 인식 태도가 선형적인 대립과 대조를 통한 미러이미지 기법을 뛰어넘으려는 의지가 보인다. 중앙에서 바라보는 눈길이 아닌 모서리에서 가장자리에서 사물을 관찰하는 태도가 좀더 입체적인 모습을 반영하고 있다. 「존재의 거미줄」은 바람에 흔들리듯 탄성을 가진 객체의 변형된 모습들을 선으로 이어주는 형상을 상징한다.

> 하늘에 얽어놓은 사념의 망
> 눈먼 구름을 낚을까
> 걸려 신음하는 하루살이가 될까
> 아니면
> 장막 걷어내고
> 스스로 하늘을 즐길 것인가
>
> 대뇌에 걸쳐둔 고심의 방
> 생각의 창살에 포위되어
> 관념의 포박자가 될 것인가
> 아니면
> 집착을 내려놓고
> 자유를 휘휘 젓는 시인이 될까 　　「존재의 거미줄」

현재 시인 신경섭은 '하늘의 사념의 망인 거미줄'을 그리는 시인이다. 도형적 풍경화를 보여준 신경섭 시인의 철학적 사유가 단선망이 아닌 거미줄과 같은 입체적 구조망으로 확대될 가능성을 보여준다. 신경섭이 이 시대 한국의 횔덜린으로 더 깊은 시의 경지를 열어줄 것으로 기대한다.

문학공간 시인선2
생각의 풍경

펴낸날 2025년 8월 14일 초판1쇄

지은이 신경섭
펴낸이 이정옥
펴낸곳 문학공간

등록 2021년 12월 22일 등록(제2021-000038호)
주소 대구광역시 수성구 용학로 22, 5동 512호
전화 010-2682-2459
전자우편 jolee1141@hanmail.net

ISBN 979-11-992990-2-3

*이 책 내용의 전부 또는 일부를 재사용하려면
 반드시 저작권자와 문학공간 양측의 동의를 받아야 합니다.
*잘못 만들어진 책은 바꾸어 드립니다.